AF296105

L⁴d
8860

LA VÉRITÉ

SUR LE

DEVOIR ACTUEL DES CATHOLIQUES

RÉPONSE

A QUELQUES RÉFLEXIONS

Du R. P. PROSPER DE MARTIGNÉ

SUR LE

Programme du Futur Congrès

Par PAUL LAPEYRE

NIMES

IMPRIMERIE TYPOGRAPHIQUE LAFARE FRÈRES

1, Place de la Couronne, 1.

1897

L⁴d
8860.

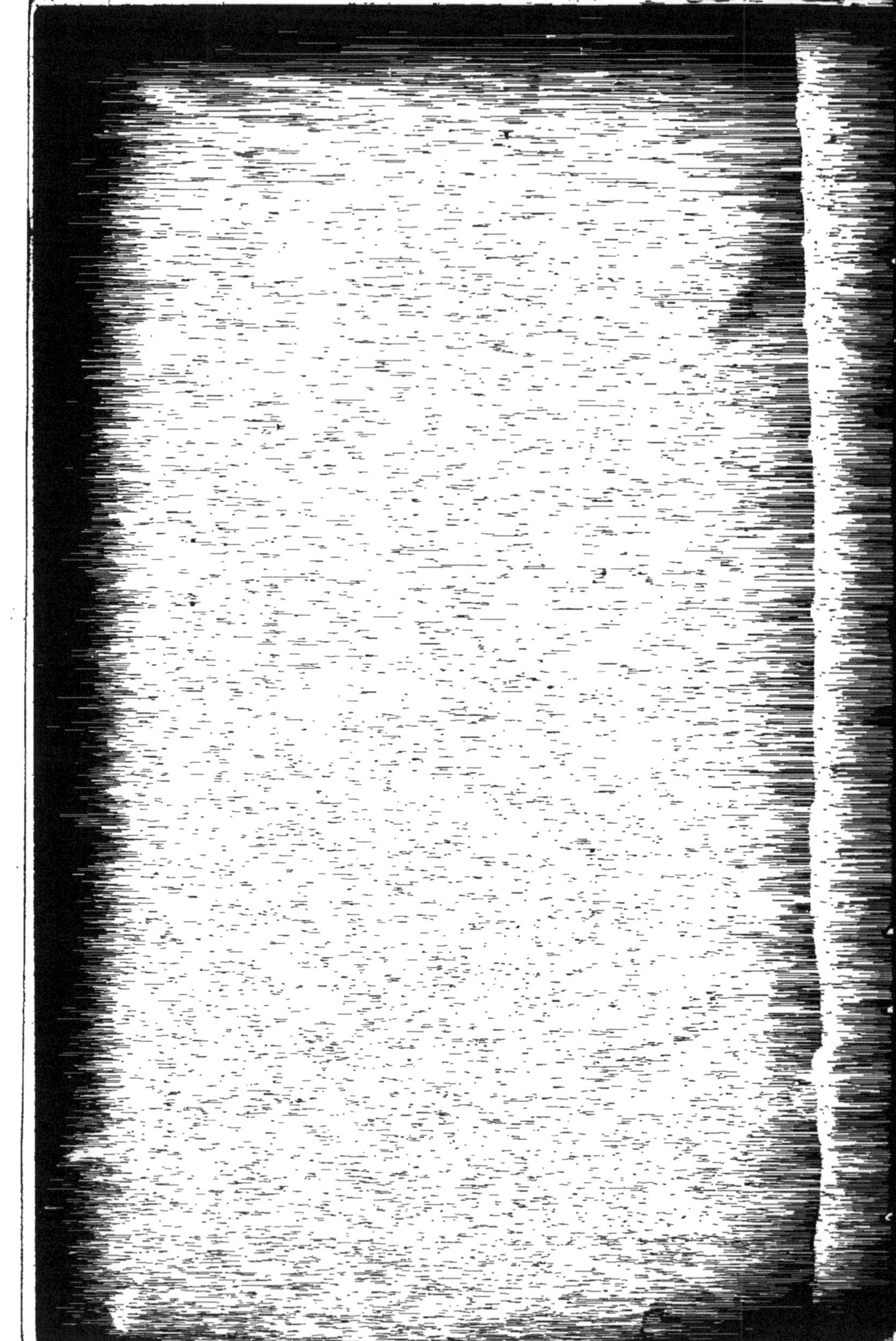

LA VÉRITÉ

SUR LE

DEVOIR ACTUEL DES CATHOLIQUES

RÉPONSE

A QUELQUES RÉFLEXIONS

Du R. P. Prosper de MARTIGNÉ

SUR LE

Programme du Futur Congrès

Par Paul LAPEYRE

NIMES

IMPRIMERIE TYPOGRAPHIQUE LAFARE FRÈRES

1, Place de la Couronne, 1.

—

1897

BIBLIOTHÈQUE NATIONALE · R.F. · IMPRIMÉS

LA VÉRITÉ

SUR LE

Devoir actuel des Catholiques

Réponses à quelques Réflexions
du R. P. Prosper de MARTIGNÉ

SUR LE

Programme du Futur Congrès

Les **Réflexions** du R. P. Prosper sur le programme
du futur Congrès de Nimes ne renferment aucun argu-
ment nouveau. Mais elles résument ce que l'on a cou-
tume de dire à l'encontre de ceux qui s'efforcent de
mettre en pratique et de vulgariser les idées et les
directions renfermées dans l'encyclique *De conditione
opificium*. Les accusations du R. P. Prosper, étant
vagues et indéterminées, seraient fort difficiles à réfuter
si nous ne les avions déjà maintes fois entendues dans
diverses bouches et si nous n'avions déjà pu en sur-
prendre le contour précis et l'aboutissement effectif.
Ce sont en réalité de vieilles connaissances auxquelles
nous allons faire une réponse précise et catégorique,
quoique extrêmement sommaire. Les développements
viendront plus tard, au fur et à mesure de la discussion
que nous appelons de tous nos vœux afin qu'en jaillisse
la lumière.

A voir l'insistance avec laquelle le R. P. Prosper
développe la nécessité des vertus surnaturelles et
spécialement des vertus de foi, d'espérance et de charité, il semblerait que nous les avons niées ou mécon-
nues. Nous protestons énergiquement contre cette

insinuation, non seulement pour rendre hommage à nos intentions, mais encore pour porter un défi sur le terrain des faits. On ne prouvera pas que par nos paroles ou par nos actes nous ayons rejeté la nécessité de l'assistance divine pour arriver à la perfection soit individuelle, soit sociale. Bien au contraire, nous disons que c'est de Jésus-Christ et de l'Évangile, que découlent la justice et la charité, et par conséquent l'ordre et le bonheur. Mais c'est justement parce que nous le croyons avec la foi la plus vive et la vue la plus claire que nous sommes étonnés de voir la société moderne, qui se dit néanmoins chrétienne, donner des fruits si abondants et si détestables d'injustice et d'égoïsme, au lieu des fruits de justice et de charité qu'elle aurait dû produire. Nous souvenant que Jésus-Christ nous a enseigné à juger l'arbre par les fruits, nous en concluons que notre société n'est pas chrétienne ou qu'elle pratique un christianisme du plus mauvais aloi. Il est impossible d'échapper à cette conséquence, à moins de prétendre que le christianisme n'est appelé à réaliser dans l'humanité aucun progrès social et que ses fruits sous ce rapport seront toujours invisibles, c'est-à-dire nuls.

Nous considérons cette conséquence, si on avait le triste courage de s'y résigner, comme tout à fait funeste au christianisme, comme désespérante pour l'humanité, et comme contraire à toutes les prédictions de la Sainte Écriture.

Comme funeste au christianisme ; Ce serait détruire une des meilleures ressources de l'apostolat, un des plus brillants arguments de la prédication chrétienne, et un des attraits les plus populaires de notre foi, que de la représenter comme n'ayant aucune influence efficace sur l'augmentation du bonheur social dans ce monde, comme n'ayant rien à voir dans le règne de la justice et la diminution progressive des misères humaines. Otez cette espérance, et immédiatement les masses vous échappent, et vous échapperont **toujours** ; je dis **toujours** et je le souligne. Il ne vous restera qu'un petit nombre d'âmes d'élite à qui une foi exceptionnellement vive et un amour particulier du surnaturel font accepter et même désirer les souffrances et les sacrifices dans cette vie, sans aucune autre compensation que les célestes récompenses. Mais ces âmes là sont extrêmement rares, et il est absolument utopique d'espérer qu'elles seront jamais assez nombreuses pour former une société chrétienne, ou qu'elles arriveront à gouverner le monde sans le convertir. Donc si on adopte l'idée que les chrétiens ne doivent pas, comme tels, s'occuper activement et à titre d'effort religieux, d'améliorer l'organisation sociale et d'en obtenir des résultats plus féconds pour le bonheur de l'humanité, il faut renoncer à tout développement ultérieur du christianisme, et déclarer, comme le font nos adversaires antichrétiens, que cet espoir de régénération sociale chrétienne, né dans les illusions pieuses du moyen âge, a fait son temps, et que l'avenir ne lui réserve que la banqueroute.

Comme désespérante pour l'humanité : La pente invincible de tout être est la tendance vers le bonheur ; et cette tendance est d'autant plus légitime que, dans une juste conception des choses, le bonheur peut et doit se confondre avec la conformité d'un être et de sa loi. Or Dieu donne à tous les êtres leur loi ; observer sa loi, c'est faire la volonté de Dieu ou être parfait. Cette notion s'applique aussi à l'humanité, avec cette remarque essentielle et capitale, que la Société est une entité aussi réelle et peut-être plus réelle que l'individu, tellement que la Providence déploie, sous plusieurs rapports, plus de sollicitude pour sa vie et son bonheur que pour ceux de l'individu, à tel point que les lois divines comme les lois humaines font un devoir aux individus, dans de nombreuses circonstances, de sacrifier leur vie pour assurer le salut de la société. C'est même le refus de ce devoir, c'est-à-dire l'égoïsme, qui constitue tout le mal social. Faites disparaître l'égoïsme, et immédiatement une ère nouvelle s'ouvre pour l'humanité, ère tellement merveilleuse qu'on pourrait avec raison l'appeler un retour au paradis terrestre. Donc les hommes sont actuellement malheureux parce que le nombre de ceux qui travaillent au bonheur terrestre de leurs frères n'est pas assez grand, ou parce qu'ils y travaillent d'une façon maladroite. Cette immense troupe de misérables qui couvre le monde, a soif de bonheur et d'un bonheur immédiat. Elle a comme une sorte de certitude que Dieu a placé quelque part le secret de ce bonheur, qu'il est à la portée du genre humain, qu'on peut et qu'il faut se mettre à sa recherche. Cette invincible espérance, cette foi vague mais puissante qui soutient l'humanité, l'empêche de défaillir dans les mille angoisses de la vie, et de se jeter avec effroi et colère dans les bras de la mort, comme le lui ont conseillé de sombres philosophes. C'est cette espérance qui a lui sur le monde au-dessus de la crèche de Bethléem, et dont tous les peuples ont salué l'apparition avec enthousiasme à mesure qu'ils l'ont aperçue. C'est cette étoile miraculeuse que nous voulons faire briller de nouveau, afin qu'elle serve comme autrefois et plus que jamais de signe de ralliement à l'humanité marchant vers ses destinées futures. Venir aujourd'hui dire à l'humanité que cette espérance était vaine, que le bonheur n'est pas de ce monde, que les désordres d'ici-bas sont sans remède, les injustices sans réparation, c'est amener sur la terre le règne du désespoir, c'est décréter d'avance la stérilité de tout effort, c'est déclarer vain tout progrès, c'est enlever toute récompense au travail terrestre de l'humanité et éteindre aux regards de ce monde le flambeau de l'idéal.

Je sais bien qu'on me répond sur un ton triomphant : mais il y a les compensations de la vie future. Je ne l'oublie pas. Mais je sais aussi que ces compensations, nécessaires à tous les hommes, ne peuvent suffire à l'exclusion de toutes autres qu'à un nombre infiniment restreint de natures d'élite. Aux autres, à l'immense majorité, il faut la claire vue et la douce expérience des résultats temporels, au moins en partie. Jamais les masses ne croieront à la justice de Dieu si elles sont courbées à perpétuité sous le poids de l'injustice ; jamais elles ne croiront à la bonté de Dieu si elles sont perpétuellement victimes de la tyrannie des méchants ; jamais elles ne croieront que le Messie est venu pour réparer les suites du péché originel et affranchir l'humanité de tous les esclavages, si le joug le plus insupportable pèse sur elles sans aucun espoir de soulagement. Que Dieu nous préserve de jamais représenter notre Sauveur comme un indifférent ou un impuissant devant les maux actuels de l'humanité !

Comme contraire à toutes les prédictions de l'Écriture : L'ancien Testament est rempli des promesses d'amélioration sociale que Dieu à toute époque a faites à l'humanité fidèle ou même coupable. Sans doute coupable elle devait se convertir. Mais les résultats de la conversion devaient être dès ce monde des félicités de toute nature : la paix et l'abondance devaient régner dans Jérusalem : ses pauvres devaient être rassasiés de pain, ses ennemis vaincus, son règne établi sur toute la terre, etc. Il est inutile d'en multiplier les citations, car ces promesses constituent en quelque sorte la trame de tout l'ancien testament. Le peuple juif en était tellement pénétré qu'il n'a pour ainsi dire pas vu autre chose que l'annonce de la prospérité temporelle dans les promesses divines, et que, les envisageant à un point de vue étroit et individuel, qui est un point de vue faux, il a rejeté par cela même les vrais remèdes apportés par notre Seigneur pour l'amélioration sociale de l'humanité. Toute son erreur est venue précisément de ce qui constitue l'erreur de nos adversaires : de l'individualisme. Le peuple juif voulait être le seul peuple heureux et dominateur dans le monde. Il n'a pas vu, ce que pourtant prêchait Jésus, que l'humanité ne serait heureuse que par l'effort mutuel de tous les hommes en faveur du bonheur de leurs semblables, et par l'organisation chrétienne, c'est-à-dire par des institutions propres à empêcher le maintien ou le développement de l'injustice sociale. Il pensait que Dieu ferait des miracles constants et gratuits pour assurer le triomphe de « son peuple ». L'évènement a montré combien il se trompait. Dieu n'a promis la félicité temporelle qu'au règne de la vertu ; ni avant la venue du Messie, ni depuis, il n'en a jamais été autrement ; car si l'on veut bien y regarder de près, Dieu n'a fait de miracles que pour pousser à la vertu, et non pour récompenser ou amnistier le vice.

Les adversaires de l'action sociale catholique commettent donc une double erreur, soit qu'ils s'attendent au triomphe de l'Eglise en dehors du retour à l'ordre social chrétien, soit qu'ils nient qu'il y ait ni lieu de rechercher ni possibilité d'espérer les félicités temporelles et le règne de la justice dans ce monde.

L'Evangile parle autrement. A la naissance du Messie, les anges ont annoncé qu'il venait apporter **« la paix sur la terre aux hommes de bonne volonté »**. La paix c'est « la tranquillité de l'ordre ». Faut-il donc bien chercher les conditions de l'ordre, si l'on veut avoir la paix ! Et cela **sur la terre** !

« Bienheureux les doux », a dit Jésus, « parce qu'ils posséderont la terre ». Est-ce qu'en leur prédisant la possession de la terre, Jésus a voulu leur faire un présent funeste, leur lancer une malédiction, marquer son mépris pour la douceur ?

A quel signe, d'après lui, doit-on reconnaître que le Messie est venu ? A ceci, que les aveugles voient, que les boiteux marchent, que les lépreux sont guéris, et que les pauvres sont évangélisés, c'est-à-dire à la disparition de toutes les misères matérielles et morales. Il dit que **les pauvres** sont évangélisés, et non pas les hommes en général, parce qu'il venait apporter aux pauvres ce que les riches avaient déjà en abondance, c'est-à-dire ce minimum de bonheur qui permet de croire à la bonté de Dieu, et ce minimum de ressources qui, d'après Saint Thomas, est nécessaire à l'exercice de la vertu.

Une autre fois, Jésus dit ceci : « Personne ne quittera sa maison, ou ses frères, ou ses sœurs, ou son père, ou sa mère, ou ses enfants, ou ses champs, pour moi ou pour l'Évangile, qu'il ne reçoive cent fois autant, maintenant en ce siècle de maisons, frères, sœurs, mères, enfants, champs, au milieu même des persécutions, et dans le siècle à venir la vie éternelle. » Ainsi les récompenses de la vie présente ne sont pas en opposition avec celles de la vie future ; elles en sont, au contraire, le symbole, la figure et le gage.

Saint Paul ne disait-il pas la même chose, lorsqu'il affirmait que la piété est utile à tout et qu'elle a les promesses de la **vie présente** aussi bien que celles de la vie future » ? Et quand il parlait de l'instauration chrétienne, que voulait-il approprier au règne du Christ ? Le ciel seulement ? Non, toutes choses, *omnia*, la terre comprise.

Si le bonheur temporel et les richesses de ce monde sont promises par le Christ à titre de récompense, d'où vient donc que dans tant d'autres passages Jésus les ait maudits et anathématisés, et qu'il ait si fort engagé ses disciples à y renoncer ? Qu'on écoute bien l'explication que nous allons donner, qui résout cette apparente contradiction, qui donne la clef de tout le mystère chrétien, et qui tranche du coup toutes les objections que nous adressent nos adversaires. Cette explication la voici. La richesse au service de l'égoisme, est une mauvaise chose ; au service de la charité, elle est excellente. La richesse terrestre, étant nécessaire à la vie, est la source de tout bien ; mais il faut pour cela qu'elle se répartisse équitablement, et que chacun en ait une quantité suffisante ; sans quoi, si le plus fort ou le plus habile s'empare pour son superflu d'une part immodérée de richesses, comme leur quantité est limitée, il prive inévitablement quelques hommes du nécessaire et par là même les empêche de vivre. Or, comme l'homme est naturellement égoïste, et insatiable de ri-

chesses, notre Créateur et notre Sauveur ont été obligés de frapper d'anathèmes la recherche et le simple
désir des richesses, en exaltant, d'un autre côté, l'esprit de pauvreté, afin de remettre toutes choses en équi-
libre, et que l'organisme social puisse fonctionner. Mais
cela ne veut pas dire qu'il faille être indifférent à la
possession du nécessaire même pour soi, à plus forte
raison pour les autres ! Si la richesse était une chose
radicalement mauvaise en soi, il serait toujours louable
d'en débarrasser le prochain ; on ferait œuvre pie en le
pillant, en le volant, en détruisant ses récoltes, ses usi-
nes, ses maisons, ses trésors, tout ce qui, en un mot,
constitue ce que l'on appelle la richesse ; on détruirait
le mal !

L'accaparement des biens terrestres par un seul et
pour un seul est digne de malédiction ; la distribution
égale à tous les hommes de ces mêmes biens est digne
de toutes les bénédictions. En d'autres termes, il faut
dédaigner la richesse individuellement, mais il faut la
rechercher socialement.

Le chrétien doit partir de ce principe que la loi de
l'excellence humaine, les actes humains de mérite et
de vertu, de même que la coopération humaine à l'action divine, consistent dans la diffusion de la vie. Or,
comme les richesses matérielles sont une des sources
nécessaires de la vie, créer la richesse, la répartir équitablement, en procurer à ceux qui n'en ont pas en
suffisance, c'est faire une œuvre non seulement bonne,
mais divine. On est en cela le collaborateur de la Providence et le collaborateur nécessaire, car Dieu n'a
guère à sa disposition pour créer les éléments matériels
de la vie humaine, que le travail humain ; pour les
répartir équitablement que l'organisation de justice

sociale que les hommes veulent bien établir entre eux.

L'établissement de cette justice sociale rentre donc dans le plan de la Création et de la Rédemption, et a une importance toute divine. Ceux qui, comme les sociologues chrétiens, se vouent à cette tâche, font au plus haut degré une œuvre de religion et de vertu surnaturelle, une œuvre qui multiplie la vie, fait aimer la religion, bénir le christianisme et louer Dieu.

Créer les richesses par un travail honnête et s'intéresser à leur augmentation, c'est donc un acte de haute vertu, pourvu que ce soit en vue des usages de la charité. La richesse, il ne faut pas la rechercher et s'y intéresser pour soi, mais il faut la rechercher et s'y intéresser pour les autres, afin de la répandre en aisance moyenne sur la masse des indigents. L'égoïsme empoisonne la richesse, et en fait un objet maudit mais la Charité la sanctifie et en fait un objet béni, et digne de tout intérêt. Donc il faut mépriser la richesse pour soi, et la rechercher pour en faire vivre les indigents.

Lors donc qu'on nous accuse de susciter l'égoïsme et la cupidité, en promettant et en garantissant du pain à ceux qui en manquent, c'est le contraire qui est vrai. Car si l'organisation corporative chrétienne garantissait le nécessaire à tous les travailleurs, ils ne seraient pas obligés comme aujourd'hui de capitaliser *per fas et nefas* pour avoir le pain du lendemain, c'est-à-dire de la vieillesse. Confiants dans la bonté des institutions sociales et dans la charité chrétienne, ils auraient l'esprit et le cœur en repos, sans souci du lendemain, et sans être troublés comme maintenant par la perspective de mourir prématurément de faim et de misère.

La charité est contagieuse, non seulement par la

force de l'exemple, mais par la logique des situations. Si personne ne pense à vous, vous êtes bien obligé d'y penser vous-même. Si, au contraire, les autres pourvoient à vos besoins, vous avez tout le loisir et la tranquilité voulue pour subvenir aux besoins des autres. Donc l'individualisme économique engendre et développe l'égoïsme moral. Or, comme la religion, c'est directement le contraire de l'égoïsme, c'est-à-dire la charité, l'individualisme économique est tellement l'antipode de la religion chrétienne qu'on peut le considérer comme l'antichristianisme lui-même.

Qu'on lise attentivement l'Évangile et l'on verra que le pharisaïsme, qui a été le principal et même l'unique adversaire de Jésus-Christ qu'il mit à mort, n'était pas autre chose que l'individualisme économique (1).

Ceux qui en doutent n'ont qu'à lire ces passages de l'Épitre de Saint Jacques : « La religion pure et sans tache
» aux yeux de Dieu notre Père, consiste à visiter les
» orphelins et les veuves dans leurs afflictions (2), et à
» se préserver de la corruption du siècle... Mes frères,
» que servira-t-il à quelqu'un de dire qu'il a la foi, s'il
» n'a pas les œuvres ? Si un de nos frères ou une de
» nos sœurs n'ont point de quoi se vêtir et qu'ils man-
» quent de ce qui leur est nécessaire chaque jour pour
» vivre, et que quelqu'un d'entre vous leur dise : Allez
» en paix, je vous souhaite de quoi vous couvrir et de
» quoi manger, sans leur donner néanmoins de quoi

(1) Lire spécialement la parabole du bon Samaritain. Voir aussi dans les *Remèdes amers*, par Paul Lapeyre, le chapitre 9 intitulé : *Les vraies raisons pour lesquelles Jésus a été condamné à mort.*

(2) La mention des veuves et des orphelins ne constitue pas une nomenclature limitée, mais une simple indication qui s'étend à tous les cas analogues, c'est-à-dire à tous les genres d'infortune que « la religion » a pour objet de soulager.

» satisfaire aux nécessités de leur corps, à quoi leur
» serviront vos paroles ? Ainsi la foi qui n'est point
» accompagnée des œuvres est morte en elle-même.
» En sorte qu'on pourra vous dire : Vous avez la foi, et
» moi j'ai les œuvres. Vos œuvres absentes démontrent
» l'absence de votre foi, tandis que moi je vous mon-
» trerai ma foi par mes œuvres ».

Ce passage de Saint Jacques, malheureusement si
oublié de nos jours, peut expliquer la pensée de ce prêtre que le R. P. Prosper ne nomme pas, mais qui,
d'après lui, aurait déclaré « que le temps était venu de
laisser dans l'ombre les dogmes de la foi et les préceptes sévères de l'Évangile, pour mettre en évidence le
doux précepte de la charité et les devoirs qui en découlent. » En rappelant et en exaltant le doux précepte
de la charité, le prêtre en question a fait une chose
aussi opportune que nécessaire : il a remis en honneur
le principe même de la religion. Si par les dogmes de
la foi, il a entendu cette foi morte parce qu'elle est
dépourvue d'œvres, qui est si commune de nos jours,
il n'a fait que s'associer aux sarcasmes et aux anathèmes de Saint Jacques. Si par « préceptes sévères de
l'Évangile » (a-t-il vraiment employé ces expres-
sions ?) il a entendu ces pratiques rigoristes, pharisaï-
ques ou jansénistes dans lesquelles de prétentieux chrétiens font consister toute leur religion, il n'a fait que
s'associer aux anathèmes de Jésus-Christ contre les
Pharisiens.

Il ne faut pas se le dissimuler : depuis plusieurs
siècles, la religion catholique, non dans son fonds, qui
est immuable et divin, mais dans la manière dont elle
est pratiquée par un grand nombre, a une tendance à
retomber dans le pharisaïsme. Le protestantisme, le

gallicanisme et le jansénisme n'ont été que les modifi-
cations morbides de cette diathèse générale. Le protestantisme a opéré sa rupture, le jansénisme s'est fondu
ou transformé extérieurement, mais le gallicanisme
continue sous une forme subreptice et anonyme, à
infecter de son virus le sang débilité de nos chrétiens
modernes.

Je ne parle pas de ce gallicanisme consistant à res-
treindre l'autorité du Pape et à lui refuser certaines
prérogatives : celui-là a été mortellement atteint par le
concile du Vatican. Je parle de ce gallicanisme qui se
résume dans les premières lignes de la déclaration de
1682 : « Que Saint Pierre et ses successeurs, vicaires de
Jésus-Christ, et que toute l'Église même, n'ont reçu de
puissance de Dieu que sur les choses spirituelles et
qui concernent le salut, et non point sur les choses
temporelles et civiles ». Ce gallicanisme qui établit une
séparation absolue entre les choses temporelles et les
choses spirituelles, qui disjoint ainsi l'âme et le corps
dans tous les intérêts de la vie, ce gallicanisme, dis-je,
s'était insinuée durant ces derniers siècles, dans toute
la vie chrétienne, et, malgré le **Syllabus** et l'encyclique **Rerum novarum**, il répand toujours son venin ;
il est d'autant plus vivace que ceux qui en sont atteints
n'en soupçonnent pas le danger, ni même l'existence.
Ils sont gallicans sans le savoir.

Le danger de cette doctrine est cependant facile à
établir. Si l'Église n'a reçu aucune puissance sur les
choses temporelles et civiles, elle ne doit ni ne peut
s'en occuper. Or, les questions de richesse et de misère, de gain et de salaire, de commerce et d'indus-
trie, de travail et de rente, de contrat et de spéculation,
sans parler de beaucoup d'autres, ce sont là essentiel-

lement choses temporelles et civiles ; en effet, tous les gouvernements civils ont à s'en occuper et s'en occupent. Si l'Église abdique toute ingérence dans ces matières, elle est amenée insensiblement à se désintéresser de toutes les conséquences qui en découlent. Elle dira aux uns et aux autres : Vous êtes riche ou vous êtes pauvre ; vous êtes exploitant ou exploité ; je ne m'en mêle pas, c'est le jeu des lois civiles qui produit cela. Vous êtes heureux ou malheureux, libre ou tyrannisé ; cela ne me regarde pas, demandez-en compte au gouvernement temporel et aux lois civiles. On en arrivera à dire comme le rat de la fable :

> Les choses d'ici-bas ne me regardent plus
> En quoi peut un pauvre reclus
> Vous assister ? Que peut-il faire.
> Que de prier le ciel qu'il vous aide en ceci ?
> J'espère qu'il aura de vous quelque souci.

De la mise en pratique de cette manière de voir découlent deux conséquences. La première, c'est que les populations s'habituent à regarder l'Église comme indifférente à leur sort temporel et par là-même comme n'ayant pas de cœur ; ou comme tout-à-fait impuissante à les soulager, et par là même comme étant une chose imaginative, vaine et mythique. Les populations sont conduites ainsi à mépriser l'Église, soit parce qu'elle manque d'entrailles, soit parce qu'elle manque de puissance, et il faut reconnaître qu'elles y sont logiquement obligées.

L'autre conséquence, c'est que les catholiques, et particulièrement le clergé, se trouvant dégagés de toute responsabilité touchant le sort temporel des fidèles, s'accoutument à regarder les œuvres de charité comme une superfluité et les revendications de la justice com-

me une dangereuse chimère. De là à les négliger peu
à peu, la pente est fatale, et c'est ainsi qu'on se fait
une religion où la charité n'a plus de place, une religion
qui est fausse et pharisaïque, bien loin d'être la religion
pure et immaculée dont parle Saint Jacques, or quand on
ne pratique plus habituellement la charité, on retombe
promptement dans l'égoïsme. De là vient que de nos
jours certains systèmes de dévotion n'apparaissent que
comme le programme d'un pieux égoïsme. Il y a de
tout dans ces dévotions, excepté un sacrifice véritable,
un dévouement réel en faveur des misères du prochain.
Saint Jean a stigmatisé d'avance ces faux dévots par
ces paroles claires et terribles : « Celui qui prétend
aimer Dieu qu'il ne voit point, alors qu'il n'aime pas
son frère qu'il voit, est un menteur. » Dieu n'accepte
pas des hommages qui lui sont adressés au détriment
de l'assistance que l'on doit au prochain (1).

Le gallicanisme, en séparant les intérêts temporels
des intérêts spirituels, a faussé la religion, et en a fait
une chose ridicule et vaine qui est devenue la proie
facile des sarcasmes de Molière et de Voltaire. Je dis
même qu'il en a fait une chose odieuse ; car on est
odieux lorsqu'on a de grandes exigences et de grandes
prétentions qu'on ne peut justifier. Le catholicisme
prétend à des hommages sociaux, et il ne le peut qu'en
répandant des bienfaits sociaux. Il prétend s'assujet-
tir l'homme tout entier, et il ne le peut qu'en procu-
rant à l'humanité des biens de toute sorte. Cessons de
nous étonner et de nous indigner de la persécution que
nous subissons ; elle n'est qu'un juste châtiment de nos
fautes et un avertissement salutaire d'avoir à rentrer
dans les voies véritables de l'Évangile. Lorsque nous

(1) Pour le développement de cette pensée, consulter les
Remèdes amers par Paul Lapeyre, chapitre X.

BIBLIOTHÈQUE NATIONALE R.F.

serons redevenus les protecteurs de toutes les faiblesses, les soutiens de tous les abandonnés, les nourrisseurs de tous les affamés, et les défenseurs de tous les opprimés, soyez certains qu'on cessera de nous persécuter et qu'on se mettra à nous acclamer, à nous vénérer et à nous obéir, parce qu'on y verra un intérêt même temporel (1).

Sans doute dans le rétablissement de la charité, ou en d'autres termes, dans la préparation du règne social de Jésus-Christ, la pénitence et le renoncement doivent jouer un rôle important. Mais on se tromperait fort si l'on prétendait les imposer également, et à haute dose, et à perpétuité, à tous les fidèles (2).

Est-ce que Jésus-Christ n'a pas dit que les pousses du printemps annonçaient les douceurs de l'été, et que les douleurs de l'enfantement faisaient place aux joies de la maternité? La pénitence est exigée par les nécessités de l'expiation vis-à-vis de Dieu et de la réparation vis-à-vis des hommes. Mais précisément parce qu'elle a pour but de remettre toutes choses dans l'ordre, elle doit avoir pour conséquence le retour aux félicités de l'ordre social. Une pénitence perpétuellement stérile est nécessairement une fausse pénitence. Tout ce qui est vraiment religieux doit être pétri d'espérance, même pour ce monde.

D'ailleurs il n'appartient qu'à un petit nombre de natures d'élite, vouées par état au salut du monde, de faire leur spécialité de la pénitence et de l'expiation sociales. Elles acceptent une plus grande part de souffrances pour en décharger d'autant le reste du

(1) Sur les causes lointaines de la persécution religieuse, on consultera les *Remèdes amers*, chapitre XIII.

(2) Sur ce point consulter les *vérités mâles*, par Paul Lapeyre, chapitre XI, *de la souffrance*

genre humain. Ces personnes d'élite, ces victimes expiatoires, sont les ecclésiastiques, et particulièrement les religieux. De grâce, ne renversons pas les rôles, et n'aspirons pas à mener dans le presbytère ou dans le cloître une vie douce et tranquille, en conseillant philosophiquement à tous les malheureux d'accepter avec résignation leur misérable sort. Jésus-Christ s'unirait au monde entier pour nous siffler et nous maudire.

Assurément, il y a des malheurs inévitables, et c'est alors que la résignation est nécessaire et a sa raison d'être. La foi doit intervenir efficacement dans ces conjonctures, pour nous aider à porter le poids de nos afflictions et à accepter les tristes conséquences de la solidarité humaine, comme nous jouissons des conséquences heureuses de cette solidarité. La foi crée et soutient la victime expiatoire volontaire, elle nourrit la charité, et la fait déborder sans cesse sur les misères humaines par l'appât des célestes récompenses ; mais elle ne peut être, au point de vue social, une prime à toutes les négligences et un bill d'indemnité par tous les égoïsmes. Se réserver de faire appel à la résignation pour faire accepter des malheurs dont on est responsable et qu'on aurait pû éviter avec un peu de zèle et de charité, c'est se moquer à la fois de Dieu et des hommes.

L'erreur de nos adversaires vient de ce qu'ils oublient deux points essentiels. Le premier, c'est que l'homme est un être social et qu'il ne peut par ses seules forces individuelles sauvegarder ses intérêts ni spirituels ni temporels. Nous avons tous en tout et pour tout besoin les uns des autres et mandat d'assistance les uns à l'égard des autres. Limiter quoi que se soit au point de vue individuel, la religion comme la nourriture ou l'éducation, c'est se tromper foncièrement. (1)

Le second oubli se rapporte à l'exploitation naturellement fatale des pauvres et des simples par les riches et les habiles, exploitation qui, pour être réfrénée a besoin de deux choses : le développement de la charité dans les âmes et l'organisation sociale chrétienne (2). Sans la charité, les meilleures organisations fonctionnent mal et se corrompent. Sans une organisation fortement conçue et sagement appropriée, les plus héroïques efforts n'aboutissent, comme nous l'avons constaté dans ce siècle, qu'à un avortement perpétuel et à de pitoyables résultats.

Bien loin de blâmer les sociologues chrétiens dont les études ont préparé les éléments de l'encyclique *Rerum novarum*, et de les arrêter dans les efforts qu'ils font pour travailler à la reconstitution chrétienne de la société, il faut les féliciter hautement et les encourager à persévérer. Ne voyez-vous pas qu'ils travaillent de la manière la plus efficace à vaincre le protestantisme (3), le jansénisme et le gallicanisme, à rendre à l'Église toute la fécondité de son action sociale, et à remettre en honneur dans son sein le véritable esprit de l'Évangile ?

Qu'importe, qu'il y en ait parmi eux qui paraissent exagérés dans un sens ou dans un autre ? Est-ce qu'on peut arriver à couler tous les hommes dans un moule

(1) Voir les *Vérités mâles*, chapitres III et IV.

(2) Voir les *Remèdes amers*, chapitres III, VI, VII et VIII.

(3) L'erreur fondamentale du protestantisme, c'est l'individualisme religieux. L'individualisme économique tant prôné par certains catholiques de notre siècle, n'est pas une moindre erreur et procède des mêmes faux principes.

identique ? Est-ce que dans tout mouvement de masses qui se produit, il n'y en a pas quelques-uns forcément qui vont trop vite et d'autres trop lentement, quelques-uns qui s'écartent un peu à droite ou à gauche ? L'essentiel est que le mouvement dans son ensemble se dirige vers le bon but. Or, la chose est désormais incontestable, non-seulement parce que nous marchons dans la voie tracée par Léon XIII dans l'Encyclique *De conditione opificium*, mais parce que nous nous rapprochons de l'Évangile et que les fruits déjà cueillis sur le terrain des faits sont tellement bons qu'ils prouvent la bonté de l'arbre lui-même.

Les erreurs que nous avons signalées avaient rendu inintelligible le sens de la vie présente et avaient enlevé toute valeur à celle-ci. On l'avait en quelque sorte laissé évaporer en la faisant reposer sur un mysticisme incompréhensible pour les masses, puisqu'il faisait bon marché de la justice dans ce monde, du bonheur terrestre des humains et même de leur vie. On oubliait que Dieu qui est la vie, l'amour et le bonheur, veut que **sa volonté soit faite sur la terre comme au ciel.** Désormais nous ne l'oublierons plus. Nous nous souviendrons qu'il n'y a pour l'homme qu'une vie : la vie immortelle, composée de deux parties essentielles : la vie présente et la vie future. Dans la première nous semons, dans la seconde nous récoltons ; dans la première nous suivons un chemin, dans la seconde nous restons là où ce chemin nous a conduits ; dans la première nous travaillons, dans la seconde nous goûtons les fruits de notre travail ; dans la première nous construisons un édifice de justice et de charité, dans la seconde nous habitons cet édifice agrandi et embelli par Dieu ; dans la première nous produisons et multiplions la vie, dans la seconde nous jouissons de la vie répandue par nous dans ce monde, vie multipliée par un coefficient divin en bonheur et en durée. Il y a donc entre les deux parties unité indissoluble et, à un certain point de vue, égalité d'importance.

Qui ne voit que la vie ainsi comprise s'explique mieux dans ses deux parties, et donne à chacune des deux parties un sens plus clair et plus profond, un intérêt plus grand, et une dignité plus haute ? De nos jours tous les esprits qui pensent se posent ce problème : « Quel est le sens et le but de la vie ? » Comme la plupart n'ont pas la foi, il faut leur offrir une solution qui s'impose à la raison. En donnant comme but à l'existence humaine la diffusion de la vie et du bonheur, les catholiques sont certains de rallier tout de suite autour d'eux l'élite du genre humain.

En remettant en honneur le travail, la pauvreté et la charité effective et organisée, le Tiers-Ordre de Saint-François contribuera puissamment à faire comprendre, aimer et pratiquer l'Évangile. L'humanité aujourd'hui ne veut plus être payée de mots ; elle veut des faits. Le Tiers-Ordre, entrant dans la voie des réformes sociales, répandra ces faits rédempteurs, ou il disparaîtra dans l'indifférence publique.

BIBLIOTHÈQUE NATIONALE — R. F.

www.ingramcontent.com/pod-product-compliance
Ingram Content Group UK Ltd.
Pitfield, Milton Keynes, MK11 3LW, UK
UKHW022244070726
13613UKWH00005B/2107